AF588971

Bibliothèque nationale de France

-

Direction des collections

-

Département Philosophie,
Histoire, Science de l'homme

**Bibliothèque nationale de France – Paris**

**Direction des Collections**

**A l'exception des reproductions effectuées pour l'usage privé du copiste, les œuvres protégées par le code de la propriété intellectuelle ne peuvent être reproduites sans autorisation de l'auteur ou de ses ayants droit.**

**Dans l'intérêt de la recherche les utilisateurs de la présente microforme sont priés de signaler au département de la Bibliothèque nationale de France qu'ils entreprendraient et publieraient à l'aide de ce document.**

9.0

# DE

# LA LÉGITIMITÉ

8° E57 b
14643

# DE

# LA LÉGITIMITÉ

Mon Père m'ayant, par son testament, institué légataire de ses mémoires, manuscrits, correspondances..., et confié plus spécialement la mission de conserver intactes les traditions familiales, j'ai pensé répondre à ses désirs en écrivant cette étude sur la Légitimité pour faire connaître aux miens les principes politiques qui furent toujours très fidèlement suivis dans notre famille.

Pour la défense de ces principes, mon Père a lutté toute sa vie et eut l'honneur de subir deux mois de prison pour son dévouement à la cause Légitimiste.

Pour ces motifs, et aussi dans un sentiment d'union et de conciliation, j'ai voulu conserver à cet écrit son caractère privé et tout intime, en refusant de lui donner de la publicité.

M. L. de Curzon

Poitiers 25 Mai 1910

# PRÉFACE

> Je ne connais rien de plus dangereux que les gens qui propagent des idées fausses, sous prétexte que la nation ne voudra jamais y renoncer. Il n'y a d'autre règle de réforme que de chercher le vrai et de le confesser, quoi qu'il arrive.
>
> LE PLAY.

Au lendemain de la mort du comte de Chambord, la plupart des légitimistes se rallièrent au comte de Paris, sans se préoccuper de savoir si, au point de vue héréditaire national, il était le successeur du comte de Chambord. Aujourd'hui, quand nous posons la même question de savoir si le duc d'Orléans est bien, lui aussi, le Roi légitime, on nous répond qu'on abandonne cette question aux controverses des théoriciens, et que, quelque intérêt qu'elle puisse avoir au point de vue des principes et de l'histoire, il n'y a pas lieu de s'y attacher pour chercher une ligne de conduite.

On ne saurait énoncer une négation plus formelle des principes politiques et, en particulier, du plus essentiel de tous, celui de la légitimité du pouvoir. Il ne suffit pas de se dire l'héritier pour avoir droit à l'héritage ; il ne suffit pas de se saisir de l'héritage, il faut en avoir hérité ; cela est vrai en toutes choses, mais surtout quand il s'agit du pouvoir royal.

C'est pour répondre à ces objections, et pour rétablir la vérité historique et politique, que, sans aucune préoccupation de parti, nous avons entrepris cette étude (1).

Loin de nous la pensée de faire de la polémique. Nous ne nous berçons pas de l'illusion de faire partager nos idées à ceux qui liront ces pages ; notre seul but est d'exposer et de faire connaitre la loi qui est la base et le fondement de notre droit national, loi depuis longtemps méconnue, oubliée et même ignorée de la plupart des Français.

Il en est, nous le savons, qui ne manqueront pas de trouver que la discussion de cette importante question historique est inopportune ; nous leur répondons que la vérité est de tous les temps, et qu'il est du devoir de tous d'affirmer et de défendre

1 Nous nous sommes inspiré, pour cette étude, des pensées et des notes de notre père qui en 1872, adressait sur cette delicate question un mémoire au comte de Chambord, qui voulut bien l'en remercier, comme nous en possédons la preuve. Au lendemain de la mort du Roi, il publiait un travail dont cette petite brochure sera le développement.

H. de C.

ses droits en laissant à la Providence le soin de les faire triompher.

Monarchiste convaincu, nous ne sommes cependant pas de ceux qui prétendent que la plus mauvaise des monarchies est préférable à la meilleure des républiques. Si nous n'avons pas foi en cette forme de gouvernement, c'est que nous ne la croyons appropriée ni à notre tempérament, ni à nos mœurs, ni à notre caractère national ; mais nous ne pensons pas, non plus, qu'une monarchie quelconque puisse suffire à assurer le bonheur et la prospérité du pays.

Pour nous, la monarchie n'est pas un but, c'est un moyen. Le but, c'est la prospérité publique et privée, le bien moral et matériel, le progrès social conforme aux droits de tous et à la justice. Le comte de Chambord, lui-même, ne faisait pas consister uniquement son principe dans le mode héréditaire d'accession au pouvoir, mais aussi dans la garde fidèle et la transmission de toutes les saines traditions. Pour la France chrétienne, il voulait une monarchie chrétienne (1).

(1) C'est ainsi que l'entendaient les députés des Etats généraux lorsqu'ils formulèrent l'article 1er du résumé des cahiers votés lors de leur élection en 1788 : « Le Roi sera très humblement supplié de maintenir la religion catholique, apostolique et romaine dans toute sa pureté et son culte, tant dans sa morale que dans ses dogmes, comme étant la base la plus propre à affermir la saine doctrine. »

Toute son ambition à lui, qui se proclamait le *bon sergent du Christ*, était de « fonder, avec le con « cours de tous les Français, un gouvernement vrai- « ment national, ayant le droit pour base, l'honnêteté « pour moyen, la grandeur morale pour but (1) ».

Hilaire DE CURZON.

Poitiers, 8 mai 1910.

(1) Manifeste du 9 octobre 1870.

# I

## LES PRINCIPES.

> Quand on a renversé certains principes, tout ce qu'on fait est insoutenable et contradictoire.
>
> BOSSUET.

Le mal dont nous souffrons vient, en grande partie, de l'oubli et de la négation des principes. Aux doctrines sociales qui avaient assuré notre prospérité, nous avons substitué des doctrines de fantaisie. Celle du jour s'appelle l'*Evolution*. Elle consiste, le nom l'indique, à évoluer de gauche à droite aussi facilement que de droite à gauche. Ce mouvement d'évolution se manifeste par le changement plus ou moins brusque des courants politiques qui entraînent les esprits, effrayés des menaces de l'avenir, tantôt en un sens, tantôt dans un autre, aujourd'hui vers un prétendant, demain vers son concurrent, suivant de préférence celui qui se déclare le premier prêt à marcher. On s'abandonne ainsi aux événements, sans savoir où l'on va, et on retourne avec le même empressement dans le camp que l'on a quitté la veille : voilà l'Evolution !

L'homme qui n'a pas de principe, observe Chateaubriand, subit l'autorité de tous les faits, manque de jugement et n'a pas ce qu'on appelle l'esprit de suite ; et il ajoute : il est bon de se méfier de ces sortes de gens :

ce sont eux qui trahissent, involontairement, toutes les causes.

C'est ainsi que les esprits les plus sages, se désintéressant des vrais principes politiques, se rallient à la solution qui leur semble le plus facilement réalisable, sans se préoccuper de savoir si elle est juste et vraie ; ils en sont réduits à accepter, sans discussion, les faits accomplis, sans se douter que le fait accompli aujourd'hui, violemment heurté par une force supérieure à la sienne, sera renversé demain dans un sens contraire.

Cette abdication volontaire devant les faits accomplis, en même temps qu'elle dénote l'oubli absolu du devoir social, justifie pleinement cette observation de Le Play que : « Les plus dangereuses formes de l'erreur ont toujours été propagées, avec d'excellentes intentions, par d'honnêtes gens. » Si leurs intentions sont bonnes et peuvent être excusées, leur aveuglement n'en est pas moins un péril social.

Il en est qui, avec un parti pris irrévocable, ne voient, ne veulent, ne servent que les intérêts de leur parti, avec lesquels ils ont lié, confondu, compromis tous les intérêts propres, et quand il s'agit de faire triompher leur cause, ils proclament que tous les moyens sont bons. Maxime, hélas ! trop souvent pratiquée et aussi pernicieuse que coupable. Le public, dans son ensemble, est généralement hors d'état de contrôler les assertions qui sont produites, et quand on lui présente comme incontestables certains faits et certaines doctrines que l'on sait contestables et contestés, on le trompe.

Chacun est libre, assurément, de formuler son opinion, de la défendre, de soutenir même qu'elle est la mieux fondée, pourvu qu'on la présente comme une opinion. Mais quand on affirme des faits déniés par d'autres, quand on présente comme acquis des droits contre lesquels d'autres protestent, nous répétons qu'on induit sciemment le public en erreur.

Les hommes ont beau se dire libres de nier tous les principes, ils ne cessent d'en proclamer de nouveaux et mettent le même empressement à renier le lendemain ceux qu'ils ont proclamés la veille Et voici bientôt un siècle que la France s'est condamnée à cette tâche, de fonder une dynastie. Trois fois elle a renouvelé cette tentative, sans qu'aucun des fondateurs présumés de ces problématiques dynasties ait pu, non seulement laisser le pouvoir à son héritier, mais encore achever sa propre vie sur le trône. Un nouveau pouvoir, c'est un nouveau parti ajouté à ceux que les pouvoirs déchus ont laissés après eux. C'est ainsi que s'est creusé l'abîme effrayant vers lequel la nation se précipite.

Toutes ces divisions, et par suite tous ces malheurs, nous eussent été épargnés si on n'avait pas abandonné les principes essentiels consacrés par l'expérience. La France ne se relèvera de ses ruines et ne pourra recouvrer la paix et la prospérité que par un retour sincère aux principes politiques qui ont fait autrefois sa force et sa grandeur

Redevenons donc légitimistes, c'est-à-dire partisans de la monarchie légitime. « Faisons, dit Mgr de Ségur, comme le voyageur qui, après avoir pris, sans le savoir, et à plusieurs reprises, des chemins qui ne le menaient pas à son but, reconnaît enfin son erreur et rentre sans hésiter dans le vrai chemin dès qu'il vient à le connaître. »

Les Bourbons de la branche aînée restent seuls investis du droit, en vertu de la *possession d'état*, leurs droits ayant été formellement reconnus et réservés dans la constitution de 1791. Pour les en débouter, le duc d'Orléans, qui se dit le successeur de Henri V, devra se mettre en instance devant la première assemblée représentative régulièrement élue à cet effet pour trancher la question.

Les corps légalement représentatifs du pays ont, en effet, le droit incontestable de résoudre toutes les difficultés et tous les doutes qui peuvent surgir dans l'application de la loi salique (1), et de pourvoir souverainement, en cas de déchéance, de mort ou de contestation, au choix d'une dynastie nouvelle.

C'est bien ainsi que le comprenait le comte de Chambord lui-même quand il disait : « Je regarde mes droits « héréditaires comme appartenant à la France (2). »

1 Plusieurs fois, dans le cours de notre histoire, les Etats généraux furent appelés à trancher des conflits de cette nature.

A la mort de Louis X, « comme la question de succession agitait encore les princes du sang et les grands feudataires, Philippe, frère de Louis X assembla les États généraux et leur soumit ce grave litige. L'Assemblée nationale jugea d'après les coutumes et les traditions, et interpréta, par analogie, l'ancienne loi des Francs... En vertu de cette décision, Philipe V fut proclamé roi » A. Gabourd, *Hist. de France*, t. VI.

(2 Lettre au baron H. de Neuville, février 1844.

## II

### DE LA LÉGITIMITÉ DU POUVOIR.

> La première loi légitime et naturelle de l'État politique est la légitimité de la succession.
>
> (De Bonald.)

La Providence de Dieu, en créant la société, a mis, en face de la force physique de la multitude, le pouvoir; un, seul, au-dessus de tous; mais en donnant au pouvoir, ou pour mieux dire à l'Autorité, le droit de commander au nom de Dieu, elle a imposé à la multitude le devoir de lui obéir comme à Dieu lui-même. Ce devoir, imposé à toute conscience humaine, est *la force morale* qui est la garantie du pouvoir légitime contre les entreprises de la force brutale; et c'est l'absence de cette force morale, de cette légitimité du commandement qui fait l'infirmité, la caducité, l'impuissance de l'usurpation; car s'il est possible et trop souvent facile d'usurper le pouvoir par la violence, il est impossible d'usurper la légitimité.

Il y a une logique des choses contre laquelle les hommes se révolteront toujours en vain; elle les étreint, et s'ils persistent dans leur révolte, elle les écrase. Toutes les légitimités sont solidaires : la légitimité du pouvoir en particulier est la garantie de toutes les autres légitimités; de même que toutes les usurpations sont réciproquement complices les unes des autres.

« Lorsque, remarque Montesquieu, les principes du « gouvernement sont une fois corrompus, les meilleures « lois deviennent mauvaises et se tournent contre l'É- « tat. » L'ordre véritable n'existe, remarque de son côté Donoso Cortès que lorsque les vrais principes religieux et les vrais principes politiques et sociaux sont proclamés, soutenus, défendus.

On s'est demandé « pourquoi le comte de Chambord « n'a pas régné ». Il est facile maintenant de répondre à cette question. Il n'a pas régné parce qu'il était le représentant *intransigeant* des vrais principes nationaux et sociaux : il était l'homme *principe* ; ce n'est pas l'homme qu'on a repoussé en lui, ce sont les principes ; et la preuve, c'est qu'on lui a offert par deux fois de le mettre sur le trône, s'il consentait à *transiger* sur les principes. « Rien n'ébranlera mes résolutions, répondait il, rien ne lassera ma patience et personne, sous aucun prétexte, n'obtiendra de moi que je consente à devenir le roi légitime de la Révolution (1). » « J'ai souvent renvoyé à la méditation de vos œuvres, écrivait-il au R. P. Félix (2), ceux qui s'affligeaient de mon inébranlable fermeté, lorsque la Révolution, que vous démasquez si bien, entreprit un jour de faire de moi son roi légitime. »

A notre époque d'abaissement intellectuel et moral, toutes les choses grandes, honnêtes et justes qu'il s'agit d'accomplir paraissent impossibles à ceux qui ne sont pas capables de les comprendre. Quand le comte de Chambord résumait ainsi son programme : « Le

(1) Manifeste du 21 janvier 1872.

(2) 18 septembre 1879.

droit pour base, l'honnêteté pour moyen, la grandeur morale pour but », il se plaçait dans une sphère si élevée au-dessus du peu de sens moral qui subsiste encore à notre époque, qu'il était à prévoir qu'il ne serait ni compris ni suivi.

Et maintenant, la France affolée s'offre au premier venu pour qu'il la sauve. « Dans l'extrémité où nous sommes réduits, dit le P. Caussette (1), chacun cherche pour en sortir son homme et non un *principe*. C'est qu'un homme peut suffire aux intérêts et aux affections d'un particulier ; mais seuls les principes peuvent pourvoir aux intérêts généraux ; un homme peut préserver le présent, un principe sauvegarde l'avenir ; enfin un homme, fût-il supérieur, ne remplace jamais un principe pour le gouvernement, tandis qu'un principe couvre la médiocrité des gouvernements et exonère une nation de la nécessité effrayante d'avoir toujours un grand homme en réserve pour la sauver. »

« Ma personne n'est rien, écrivait le comte de Cham-
« bord à M. Chesnelong, dans sa fameuse lettre du
« 27 octobre 1873, mon principe est tout. La France
« verra la fin de ses épreuves quand elle voudra le com-
« prendre. » « Mon devoir était de conserver, dans son intégrité, le principe héréditaire dont j'ai la garde, écrivait-il encore à Mgr Dupanloup, principe en dehors duquel, je ne cesserai de le répéter, je ne suis rien et avec lequel je puis tout. C'est ce qu'on ne veut pas comprendre. »

Hélas ! grâce aux malheurs des temps présents, on commence à sentir le besoin d'un pouvoir fort et d'une autorité respectée et obéie. Ce que l'on comprend moins,

(1) *Dieu et les malheurs de la France.*

c'est que ce pouvoir n'est fort, puissant et efficace qu'à la condition d'être légitime. La force matérielle ne suffit pas : il faut qu'elle soit associée à la force morale, qui seule peut s'imposer aux consciences.

Or, la force morale n'est jamais acquise qu'au pouvoir légitime, et le pouvoir n'est légitime qu'à deux conditions : premièrement avoir été acquis conformément au droit national, deuxièmement être exercé conformément à la loi de Dieu.

La légitimité, c'est le pouvoir social exercé selon les lois conformes aux mœurs de chaque peuple ; c'est le droit primitif, incontesté, qui sert de base aux lois fondamentales d'un pays. C'est ainsi que l'entend et le définit Léon XIII dans son encyclique du 18 février 1892 : « On ne rencontre pas chez tous les peuples le pouvoir « politique sous une même forme : chacun possède « *la sienne propre*. Cette forme *naît* de l'ensemble des « circonstances historiques ou nationales, *mais toujours humaines*, qui font surgir dans une nation, ses « lois traditionnelles et même fondamentales ; et par « celles-ci se trouve *déterminée* telle forme particulière de gouvernement, telle base de transmission « des pouvoirs suprêmes. » Or la monarchie nationale réglée par la loi salique qui offre toutes les conditions de légitimité ainsi définies reste donc toujours *en droit* la forme légitime du gouvernement français.

La loi salique, dira-t-on, a perdu toute son autorité ! Si par là on veut dire que depuis plus d'un siècle elle n'est pas observée, on dit vrai. Mais les commandements de Dieu ne sont guère mieux observés que la loi salique, et depuis bien plus longtemps, hélas ! dira-t-on, pour cela, qu'il sont perdu en droit leur autorité ?

Il est incontestable que, depuis près d'un siècle, la loi salique a été toujours méconnue et écartée. C'est bien précisément le malheur de notre nation d'avoir méconnu et répudié ces principes religieux et politiques qui l'avaient faite grande et prospère. Est-il besoin de demander ce que la France y a gagné de les avoir répudiés ?

Chaque fois que les Bourbons ont été exilés de France, la Révolution s'en est emparée... Depuis la dernière usurpation, elle n'a cessé d'être agitée, tourmentée, pillée, convulsionnée ; c'est en vain qu'elle demande le repos, en vain qu'elle cherche un libérateur, elle ne retrouvera la paix qu'en rappelant les Bourbons, car, comme on l'a dit très judicieusement : « En France, « l'ordre s'appelle Bourbon. »

L'application de la loi salique n'est plus possible, dira-t on encore ! Mais le vraiment possible, ce n'est pas l'homme qui le décrète ; il n'en sait rien ; il ne fait qu'en préjuger, et généralement il en préjuge mal, parce qu'il n'en préjuge que sous l'influence de ses intérêts et de ses passions. Le possible, ou du moins ce que nous appelons ainsi, Dieu seul le connait. Dans son gouvernement providentiel, il ne tient pas compte des majorités, témoignant assez par là le cas qu'il fait des régimes parlementaires. Il rend vaines les combinaisons humaines les mieux ourdies ; il prend plaisir à rendre impuissante la force de ceux qui se croient forts, à confondre l'habileté de ceux qui se croient habiles, ce qu'ils déclaraient unanimement possible, il le rend impossible, et réalise ce qu'ils avaient jugé impossible. Son concours n'est acquis qu'à ceux qui « cherchent, « avant tout, son royaume et sa justice » ; à ceux-là il donne le reste par surcroit, et ceux-là sont toujours la minorité, le petit nombre. — Le comte de Chambord, attendant avec patience la conversion de l'opinion publique égarée, disait : « La parole est à la France et l'heure est à Dieu. » Aujourd'hui l'heure est toujours à Dieu, mais la parole n'est plus à la France ; elle est à la merci des événements qui l'entraînent vers la catastrophe qu'elle ne peut plus éviter. Et quand, après avoir exercé sa justice, Dieu voudra relever les ruines et replacer l'ordre social sur ses fondements, il en chargera l'héritier légitime de cette race royale qu'il avait suscitée pour défendre son Église et qui rendra à la France, avec son Dieu et son Roi, son honneur et sa prospérité.

---

## III

### LA LOI SALIQUE.

> En quelque temps que la loi salique ait été faite ou interprétée, il n'importe, elle existe, elle est respectable, elle est utile, et son utilité l'a rendue sacrée.
>
> VOLTAIRE.

La loi salique, c'est l'ensemble des coutumes, lois et règlements suivis traditionnellement en France pour l'ordre de succession à la couronne. Cette loi n'avait jamais été écrite, *sinon ès cœur des Français*, lorsque l'esprit révolutionnaire ayant soufflé sur la nation, l'Assemblée constituante, bien que révolutionnaire elle-même, jugea pourtant urgent de sauvegarder l'ordre traditionnel de la succession royale en l'inscrivant dans la constitution de 1791 en ces termes :

« La royauté est *indivisible* et déléguée *héréditaire-*
« *ment* à la *race régnante*, de mâle en mâle, par ordre
« *de primogéniture*, à l'exclusion perpétuelle des fem-
« mes et de leur descendance. » (Ch. II, art. 1er.)

Ainsi la royauté est indivisible : elle est exercée héréditairement par l'aîné, dont le droit d'aînesse est également indivisible

La succession salique n'est ni un fief, ni un majorat, ni une substitution : c'est un mode spécial de transmission de pouvoir royal établi, non dans l'intérêt des princes, mais dans l'intérêt de la nation, et dans le but d'assurer à la fois la transmission paisible, régulière, spontanée du pouvoir et le maintien de l'unité et des traditions nationales. « L'hérédité du « trône, remarque justement Guizot, n'a d'autre objet « que de mettre le droit sur le trône afin qu'il y soit « partout. »

Il s'agit donc bien ici d'un droit national qui n'appartient qu'à la nation et ne confère aux princes de la famille royale aucun droit personnel.

La nation, en fondant la loi salique, l'a fait pour son propre avantage ; les membres de la famille royale, au lieu de recevoir un domaine pour en jouir à leur profit, exercent au contraire une charge dont ils devront compte un jour à Dieu ; ils remplissent un devoir, un service héréditaire dont ils doivent s'acquitter dans l'intérêt et pour le plus grand avantage de la nation. La Royauté française, avons-nous dit, n'est pas purement individuelle ; elle est une charge familiale : si c'est le roi qui gouverne, sa famille est *régnante* avec lui : elle est assujettie au service de la couronne : elle est l'*en-cas* de la royauté qui est incarnée dans cette famille avec laquelle la nation a contracté un mariage indissoluble ; voilà pourquoi on a pu dire qu'en France, *« le roi ne meurt pas... »*

Un trône étant toujours menacé par les orages politiques, ce n'était pas assez d'une seule tête régnante pour assurer l'avenir et la sécurité du royaume ; il lui fallait une famille qui lui procurât une succession de rois, « afin que, dit justement Bossuet, le gouverne- « ment se perpétue par les mêmes lois qui perpétuent « le genre humain, et qu'il aille, pour ainsi dire, avec « la nature. »

Dans la Monarchie française, la Royauté héréditaire occupe la position absolument essentielle et prépondérante : c'est elle qui fait l'unité et la continuité de l'existence de la nation

Le roi est dans la nation et la nation est dans le roi ; il est le lien qui assure la cohésion de l'État ; il est comme le souffle vital que tant de milliers de poitrines respirent. La chose publique ne serait plus qu'une proie inerte et sans défense si cette âme de la société venait à lui être enlevée.

Voila pourquoi le comte de Chambord a toujours opposé une résistance invincible à toutes les tentatives qui ont été faites pour le faire dévier des principes saliques dont il avait la garde : « Je ne puis rien céder « de mon principe, disait-il avec raison ; sans mon prin- « cipe je ne suis rien, avec mon principe je suis tout. » Et pour sauvegarder ces vrais principes de la Monarchie traditionnelle et chrétienne, seuls moyens de salut pour la France, il s'est résigné à vivre 53 ans en exil et à y mourir.

Mais pour que le pouvoir royal puisse remplir sa haute mission sociale, il faut que ses prérogatives naturelles et essentielles soient respectées ; il faut que la légitimité de sa possession et de sa transmission ne puisse être jamais contestée ; il faut que l'ordre successoral traditionnel soit religieusement observé : un pouvoir incontesté, n'ayant pas à se préoccuper de sa propre défense, se consacre tout entier au bien public et gouverne toujours pour le plus grand profit de tous, car, observe Benjamin Constant, « la transmis- « sion régulière et paisible du pouvoir monarchique « rend la soumission plus facile et la puissance moins « ombrageuse. »

Il suit de là que lorsqu'une branche de la Maison royale vient à s'éteindre, comme c'est le cas en ce moment, la compétition pour la succession ne s'établit d'abord qu'entre les aînés des branches, et cela pour deux raisons : la première, c'est qu'il ne s'agit plus alors de remplacer le roi défunt, mais une famille régnante éteinte, et qu'il y faut pourvoir par une autre famille ; la deuxième, c'est que si le chef d'une branche est inhabile à recevoir la transmission du pouvoir royal, il est par là même incapable de le transmettre, ne l'ayant pas reçu ; ses puînés, n'ayant aucun droit personnel et n'en pouvant recevoir aucun qui ne leur ait été transmis par leur aîné, demeurent donc avec lui hors du droit national.

Telles sont les grandes bases de cet ensemble de lois et de coutumes traditionnelles qu'on a appelé *la loi salique*.

Quand le pays sera décidé à rétablir la monarchie, et en situation de le faire, on discutera alors le prince que le droit héréditaire appelle au trône.

Il est cependant désormais bien facile d'écarter les prétentions mal fondées et d'établir bien clairement l'ordre légitime de la succession à la couronne de France.

Manifestement les princes de Bourbon-Anjou sont les descendants directs de Louis XIV ; les princes d'Orléans ne sont que les cadets de la Maison de Bourbon, descendants qu'ils sont de Philippe d'Orléans, frère cadet du Grand Roi. Si la nation allouait la couronne au duc d'Orléans, elle ferait un élu et non un héritier, car la tradition serait rompue.

On a prétendu, de la part des d'Orléans, que les Bourbons-Anjou sont devenus étrangers : nous démontrerons, sans laisser aucun prétexte à un démenti, que ces princes sont Français et plus Français que ne le sont les d'Orléans. On a dit ensuite qu'ils étaient exclus de la succession par le traité d'Utrecht : nous prouverons que ce traité n'a pas eu d'autre but que d'empêcher la réunion des couronnes de France et d'Espagne sur la même tête, point sur lequel toutes les puissances étaient d'accord.

## IV

### LE TRAITÉ D'UTRECHT.

Le traité d'Utrecht ne pouvait pas modifier et n'a pas modifié, en effet, notre loi salique dix fois séculaire.

Les traités qui ont pour but de mettre fin à une guerre ne sont pas des conventions libres ; toujours le vainqueur y impose sa loi au vaincu qui, sachant bien que le plus fort n'est jamais assez fort pour être assuré d'être toujours le maître, la subit en nourrissant l'espoir de prendre un jour sa revanche. Le traité d'Utrecht fut pour Louis XIV ce qu'est aujourd'hui, pour nous, le traité de Francfort : y a-t-il quelque Français assez dépourvu de patriotisme pour considérer ce dernier traité comme sacré et nous défendant à jamais de reprendre l'Alsace et la Lorraine ?

M. E. Keller protestait en ces termes contre le traité de Francfort dans la fameuse séance du 1er mars 1871 à l'Assemblée nationale : « Ce traité est un mensonge, « un déshonneur. Si l'Assemblée devait le ratifier d'a- « vance j'en appelle à Dieu, le vengeur des justes causes! « j'en appelle à l'épée de tous les gens de cœur qui, le « plus tôt possible, déchireront ce détestable traité ! » Puis les 28 représentants des départements annexés déclarèrent, encore une fois, nul et non avenu le traité qui disposait de leur pays sans leur consentement, et maintinrent énergiquement la revendication de leurs droits.

Il faut en dire autant de ceux qui prétendent se prévaloir du traité d'Utrecht contre nous : et ils sont d'autant moins excusables que les puissances étrangères elles-mêmes, qui nous l'avaient imposé, l'ont laissé tomber en désuétude et ne s'en prévalent plus.

Mais il est une des clauses de ce traité qui reste toujours en vigueur, parce qu'elle a été consentie librement des deux parts, étant conforme à la raison, à la justice, à l'intérêt de toutes les parties contractantes ; c'est celle contenue dans l'article 6 du traité entre la France et l'Angleterre, défendant la réunion des couronnes de France et d'Espagne.

Cette clause ne fut point imposée à la France, ce fut Louis XIV lui-même qui en prit l'initiative dans les négociations préliminaires, en faisant faire par ses plénipotentiaires la déclaration suivante : « Sa Majesté « le Roi de France consentira volontiers et de bonne « foi qu'on prenne toutes les mesures justes et raison- « nables pour empêcher que les couronnes de France « et d'Espagne ne soient jamais réunies en la personne « d'un même prince. »

Cette clause était nécessaire pour le maintien de l'équilibre européen : aussi est-elle passée dans le droit des gens moderne, qui ne permet plus la réunion de deux couronnes sans le concert et l'adhésion des puissances.

Rien n'est changé par là dans l'ordre de succession en France. Le prince régnant à l'étranger, qui, comme cela arrive en ce moment, est appelé à la couronne de France en vertu de la loi salique, est mis en demeure, par la clause d'incompatibilité des deux couronnes, de choisir entre l'une ou l'autre. Il reste absolument le maître de son choix : s'il abdique la couronne étrangère, il vient régner en France avec sa branche ; s'il préfère sa couronne à l'étranger, sa branche, qui y est assujettie avec lui et par lui, y demeure avec lui.

Car, nous l'avons démontré, la loi salique assure à la nation, non pas un roi seulement, mais une *famille régnante* qui lui garantisse une succession de rois toujours présente, toujours à sa disposition. De plus elle veut que ce roi soit *l'aîné*, le souverain de sa branche, et elle ne permet pas que la France soit gouvernée par le subordonné, le sujet d'un souverain étranger. Que l'on cite des exemples contraires dans des monarchies étrangères, c'est possible ; chez nous, cela ne s'est jamais vu, et la loi salique ni le patriotisme français ne permettent pas que cela s'y voie jamais.

*Les renonciations* insérées dans le traité d'Utrecht, ou exigées en vertu de ce traité, ont encore moins de valeur qu'il n'en a lui-même. L'invalidité juridique de pareilles renonciations a été cent fois démontrée ; tous les juristes conviennent qu'elles ne sont insérées dans les traités que comme une clause de style et non comme imposant une obligation réelle.

Louis XIV avait loyalement déclaré au gouvernement anglais que la renonciation demandée « serait « nulle et invalide, suivant les lois fondamentales du « royaume, selon lesquelles le prince qui est le plus « proche de la couronne en est l'héritier naturel ; que « c'est un héritage qu'il ne reçoit ni de son prédécesseur ni du peuple, mais en vertu de la loi fonda« mentale du royaume. » L'Angleterre ayant persisté dans son exigence, le roi dut la subir pour conclure la paix ; mais il ne voulut jamais consentir à convoquer les Etats généraux pour la ratifier, comme l'Angleterre le demandait ; et la Cour de Londres, lasse elle-même de la guerre, se contenta de la renonciation telle quelle.

Or, l'article 33 du traité des Pyrénées avait obligé Louis XIV et Marie-Thérèse d'Autriche, sa femme, à renoncer pour eux-même et pour *leurs descendants* à la succession de Charles II d'Espagne. Cette clause ayant inquiété ce prince lorsqu'il voulut faire son testament en faveur du duc d'Anjou, il consulta le Souverain Pontife, qui, de l'avis d'un conseil composé de cardinaux les plus éminents, adressa au Roi un bref déclarant une telle renonciation invalide.

Mais ce qui démontre d'une manière bien plus saisissante l'invalidité de pareilles renonciations, c'est que le traité d'Utrecht lui-même tint pour invalides les renonciations faites dans le traité des Pyrénées par Louis XIV et Marie-Thérèse d'Autriche, en reconnaissant pour roi d'Espagne leur petit-fils Philippe V ; et ce qui démonte la raison et le sérieux, c'est que les mêmes plénipotentiaires qui tenaient pour nulles et illusoires les renonciations du traité des Pyrénées, en exigeaient d'identiques dans le traité d'Utrecht, sachant bien qu'elles étaient sans valeur.

Ainsi l'a compris l'Assemblée constituante de 1789. Cette question ayant été soulevée inopinément au cours de la discussion de la constitution, l'Assemblée la discuta dans ses séances des 14, 15 et 16 septembre. Mais ces séances ayant été orageuses, et faisant craindre des complications politiques, elle en ajourna la solution : « Les uns craignaient, dit le *Journal des décrets*, de « faire perdre à la France une alliance avantageuse à son « commerce ; d'autres craignaient une guerre civile. » Néanmoins, elle réserva le droit national en ajoutant à l'article 1er du chapitre II de la constitution cette mention significative : « Rien n'est préjugé sur l'effet des « renonciations dans la *race actuellement régnante* (1). »

Cette réserve prouve suffisamment qu'elle considérait toujours les princes de Bourbon-Anjou comme princes français. Or la *race actuellement régnante* était bien la descendance directe de Louis XIV.

Mais ce qui rend les prétentions orléanistes sur ce point d'autant plus odieuses, c'est que en 1847, pour assurer au duc de Montpensier le droit de succession à la couronne d'Espagne, la famille d'Orléans fit établir elle-même la nullité des renonciations par M. Charles Giraud, professeur à la Faculté de droit, membre de l'Institut. Nous ne pouvons donc mieux faire que de renvoyer nos contradicteurs au livre que publia sur ce point l'éminent avocat des Princes d'Orléans ; il y démontre victorieusement, non seulement l'invalidité de la renonciation du Régent, leur auteur, mais aussi l'invalidité de la renonciation de Philippe V, chef de la branche de Bourbon-Anjou « Il est, dit M. Charles « Giraud, des principes immuables sur la certitude « desquels l'assentiment unanime des hommes a été « acquis dans tous les siècles. Nul n'a le droit, ni heu- « reusement le pouvoir, de mettre ses héritiers en état « d'incapacité générale, et d'imprimer ainsi un carac- « tère de mort civile à une série indéfinie de généra- « tions ; des choses si exorbitantes sont forcément « reléguées dans le domaine des *clauses de style*, qui « n'ont jamais été tenues obligatoires dans le droit

(1) *Journal des décrets*, année 1789.

Cette mention fut votée par 541 voix contre 438. Le débat avait été soulevé par un député orléaniste, Arnoult, qui voulait faire voter l'inadmissibilité de la branche d'Espagne à la couronne de France.

« commun des peuples civilisés de l'Europe (1). »

Or si, malgré la renonciation du Régent, le duc de Montpensier a pu épouser une infante d'Espagne et se faire déclarer infant lui-même avec droit de succession en Espagne, la renonciation de Philippe V, tout aussi invalide, ne peut faire obstacle à l'accession de l'un de ses descendants au trône de France.

Notons bien que les renonciations sont identiques. Le duc d'Orléans signa la sienne au Palais-Royal, le 19 novembre 1712, en ces termes : « Renonce pour lui « et au nom de tous ses successeurs et descendants, « *sans limite de temps ni distinctions de personnes*, de « degré *et de sexe*, à tous les droits qu'il pourrait avoir « au trône d'Espagne. »

Cette renonciation fut sanctionnée par Louis XIV le 15 mars 1713, par lettres patentes enregistrées au Parlement de Paris.

En 1829, Louis-Philippe d'Orléans fit rédiger par M. Dupin un mémoire lucide, raisonné, décisif, protestant contre le testament de Ferdinand VII qui abolissait la loi salique en Espagne.

Le prince de Polignac raconte qu'à l'époque où Ferdinand VII voulait abolir la loi salique en Espagne, Louis-Philippe lui dit ces propres paroles : « Si la loi « salique n'était pas maintenue en Espagne, la renon- « ciation faite par Philippe V au trône de France « serait frappée de nullité, et ses descendants peuvent « alors réclamer leurs droits à l'héritage de Louis XIV. « Or, comme petits-fils de ce monarque, ils passent « avant mes enfants (2). »

(1) *Le traité d'Utrecht*, par Ch. Giraud. Paris. Plon frères 1847.

(2) *Études historiques, politiques et morales sur l'état de la société vers le milieu du XIX^e siècle.* Librairie Dentu, 1845.

Le prince de Polignac ajoute : « Son raisonnement « était juste. »

Aujourd'hui, les princes d'Orléans tiennent pour valide ce testament. De sorte qu'ils prétendent exclure les princes de Bourbon-Anjou du trône de France en vertu des renonciations qu'ils ont eux-mêmes déchirées, et les exclure en même temps du trône d'Espagne en vertu du testament de Ferdinand VII qui les a annulées, et contre lequel Louis-Philippe avait protesté en leur nom comme au sien.

Nous devons donc à Louis-Philippe d'avoir fait mettre en lumière, d'une manière incontestable, par deux jurisconsultes qui font autorité, Dupin aîné et Ch. Giraud, l'invalidité des renonciations du traité d'Utrecht, et d'avoir obtenu de l'Angleterre, par voie diplomatique, la reconnaissance de cette invalidité. *Or*, quand l'Angleterre, qui avait exigé ces renonciations, les juge aujourd'hui invalides, personne n'a le droit de s'en prévaloir, et un des arrière-petits-fils de Louis-Philippe moins que personne.

Il est une renonciation dont les orléanistes se gardent bien de parler, c'est celle que fit Philippe Egalité de sa famille et de son nom, lorsqu'il écrivit à la Commune de Paris pour être autorisé à prendre le nom d'*Egalité*, pour bien prouver que ce n'était pas le sang de Henri IV qui coulait dans ses veines.

Le conseil de la Commune prit en conséquence l'arrêté suivant :

« Louis-Philippe Joseph et sa postérité porteront dé-« sormais pour nom de famille « *Egalité* ».

Puisque l'on tient tant aux renonciations, en voilà une, très authentique, et qui fut spontanée.

Louis-Philippe son fils, étant allé à Mittau en 1799 pour faire sa soumission à Louis XVIII, ce dernier lui dit : « Le passé vous impose, Monsieur, de grandes « obligations pour l'avenir. En acceptant le nom « d'*Egalité*, vous êtes sorti de plein gré de la Maison de « Bourbon. Je consens néanmoins à vous y rappe- « ler.... (1). » Quelques années plus tard, en 1830, Louis-Philippe faisait afficher sur les murs de Paris une proclamation dans laquelle il affirmait qu'il « était Valois et non Bourbon (2) ».

Prétendre donc que le duc d'Orléans est le roi légitime à la fois en vertu du traité d'Utrecht et en vertu de la loi salique, c'est prouver qu'on ne comprend ni le traité d'Utrecht ni la loi salique.

En effet, si le traité d'Utrecht a pour but, comme on voudrait le faire croire, d'exclure de la succession de la couronne de France la descendance entière et directe de Louis XIV, de telle sorte que, malgré l'existence de cette descendance, la couronne de France soit transportée à la descendance du frère cadet de Louis XIV, la loi salique n'existe plus. Cette loi, cette coutume traditionnelle, depuis Hugues Capet, veut, nous l'avons surabondamment démontré, que la succession de mâle en mâle, par ordre de primogéniture, ne soit jamais interrompue et que toujours le *mort saisisse le vif*, le vif suivant par droit de naissance. Or, le duc d'Orléans n'est pas ce vif premier-né après le comte de Chambord ; donc il ne peut succéder en vertu de la loi salique : son accession à la couronne serait la

(1) *Mémoires de Louis XVIII*, t. VII.
(2) Louis Blanc, *Histoire de dix ans*, t. I^er, ch. VII.

destruction de la loi salique, puisqu'elle commencerait une nouvelle dynastie, alors que subsiste encore la descendance directe, légitime et régulière de Louis XIV.

Serait-il vrai que le traité d'Utrecht ait eu pour but de proscrire toute la descendance de Louis XIV au profit de celle de son frère, et qu'il ait ainsi consacré un changement de dynastie en France ?

La France aurait-elle subi, voudrait elle subir encore aujourd'hui cette honte de voir sa loi fondamentale déchirée, sa dynastie nationale proscrite et une dynastie nouvelle lui être imposée par l'étranger ? Pense-t-on que Louis XIV eût consenti à signer un traité qui eût exclu du trône de France toute sa descendance au profit de son frère ? Toutes ces suppositions révoltent à la fois la raison et l'honneur, et sont, de plus, le contraire absolu de la vérité historique, témoin ce passage des lettres patentes de Louis XIV enregistrées par le Parlement de Paris après le traité d'Utrecht :

« S'il arrivait (ce qu'à Dieu ne plaise !) que notre petit-« fils le duc de Bourgogne vienne à mourir sans « enfants mâles, *en ce cas* que notre dit *petit-fils, le roi « d'Espagne, usant des droits de sa naissance, soit le vrai « et légitime successeur de notre couronne et de nos Etats*, « nonobstant qu'il fût alors absent et résidant hors de « notre royaume, voulant que, pour les causes ci-des-« sus, notre dit petit-fils le roi d'Espagne, ni ses enfants « mâles, ne soient censés réputés moins habiles et « capables de venir à ladite succession ; entendons, « au contraire, que tous les droits qui leur pour-« raient à présent et à l'avenir compéter et appar-« tenir, soient et demeurent entiers, comme s'ils rési-

« daient et habitaient dans notre royaume (1)... »

Cette solennelle déclaration de Louis XIV tranche définitivement la question.

1 Bibliothèque nationale, t. XX, fr. 395. Isambert, *Anciennes Lois françaises*

## V

### LES BOURBONS DE LA BRANCHE D'ANJOU.

Un grand nombre de catholiques, sincèrement dévoués aux principes de notre monarchie traditionnelle, ne se sont ralliés au parti orléaniste que parce qu'on leur a fait croire que les Bourbons de la branche aînée avaient perdu leur qualité de Français. Ils en gémissent, ne dissimulant pas leur répulsion pour les doctrines orléanistes ; mais ils s'imaginent qu'ils sont dans la nécessité de les subir, puisque, leur dit-on, les vrais Bourbons ne sont plus Français.

Il est donc opportun de démontrer à quel point sont erronées et fausses les objections qu'on a faites contre la nationalité des princes de la maison de Bourbon.

Quand nos princes ont consenti à aller gouverner des nations étrangères, ils l'ont fait par patriotisme : ils grandissaient ainsi l'influence de la France en Europe ; ils lui assuraient de nouvelles garanties pour sa sécurité et pour sa prospérité ; ils constituaient la grande famille des races latines catholiques, gouvernées par une même famille royale ; et c'est l'honneur de nos princes, et l'honneur de la France, que les nations étrangères nous les aient enviés.

Loin donc de perdre leur nationalité, ils l'étendaient en quelque sorte, sur des peuples voisins qui devenaient nôtres par la solidarité des mêmes intérêts et des mêmes principes gouvernementaux. Nous n'aurions pas eu à subir les désastres de la guerre de 1870 si la loi salique n'avait pas été abolie, et nos frontières des Alpes ne seraient pas aujourd'hui menacées si les princes légitimes de la Maison de Bourbon régnaient encore en Italie.

On trompe l'opinion publique quand on dit que c'est en vertu du Code civil que les princes de Bourbon-Anjou ont perdu leur qualité de Français. Ce Code ne régit que les droits civils. Au titre Ier de son premier livre, il ne parle que de la jouissance et de la privation des droits civils, et dans son article 7 il dit que les droits politiques ne s'acquièrent et ne se conservent que conformément aux lois constitutionnelles. Le Code civil est donc ici absolument incompétent.

La loi constitutionnelle qui régit la situation politique de la famille royale, c'est la loi salique consacrée à nouveau par la constitution de 1789. Or la loi salique a mis la famille royale dans une situation politique et sociale qui diffère essentiellement de celle des autres familles françaises.

La loi salique déclare la royauté héréditaire et indivisible ; le Code civil ordonne le *partage égal* de tous les héritages.

La loi salique veut que la couronne soit transmise de mâle en mâle par ordre de primogéniture ; le Code ne permet pas l'exclusion des femmes, et il a aboli le droit d'aînesse, les majorats et les substitutions. L'état civil des membres de la famille royale est constaté d'une manière spéciale, avec des formalités spéciales, par des fonctionnaires spéciaux.

Mais il y a un point sur lequel princes et sujets sont égaux, c'est la transmission de la nationalité par le sang. La transmission de la couronne de mâle en mâle a permis à nos pères de se vanter de n'avoir jamais été gouvernés que par des princes *de leur sang*, c'est-à-dire Français, car ce qui fait la nationalité c'est le sang. L'ancien Code civil le constatait quand il disait dans son article 10 que « tout enfant né d'un Français, « *même en pays étranger*, était Français » : n'est-ce pas exactement le cas des princes de Bourbon-Anjou ?

On est donc Français par *droit de naissance*, par la transmission du sang français. C'est la filiation qui fait la race, c'est la race qui fait la nation : le territoire n'y est pour rien, car la race n'est pas une dépendance du territoire qui n'est rien autre chose que le domicile de la nation.

C'est en vain que l'on voudrait s'appuyer sur l'article 17 : « La qualité de Français se perdra : 1° par la na- « turalisation acquise en pays étranger ; par l'accepta- « tion non autorisée de fonctions publiques conférées « par un gouvernement étranger ; enfin par tout établis- « sement fait en pays étranger *sans esprit de retour.* »

Il faut remarquer d'abord qu'il ne s'agit pas là de la perte de la nationalité qui ne regarde pas le Code civil, mais de la perte de la qualité de Français en ce qui concerne l'*exercice des droits* civils, la seule chose qui soit de la compétence de ce Code. De plus, ils n'ont pas encouru les déchéances édictées dans l'article 17 : ils n'ont pas été naturalisés à l'étranger : ils ont accepté les fonctions royales, non seulement *avec l'autorisation du Roi*, mais par son ordre et dans l'intérêt de la France. Leur situation est celle prévue par l'article 8 (loi du 26 juin 1899) qui assimile à la résidence en France le séjour à l'étranger pour l'exercice d'une fonction conférée par le gouvernement français. Ils ne se sont pas établis à l'étranger *sans esprit de retour*, ayant toujours, au contraire, protesté de ne pas tenir compte des renonciations extorquées par la force à Philippe V. « Nous croirions faire une injustice, « dont nous sommes incapable, disait Louis XIV, « et causer un préjudice à notre royaume, si désor- « mais nous regardions comme *étranger* un prince « que nous accordons aux demandes de la nation espa « gnole (1). »

Mais admettons un moment qu'ils aient encouru ces déchéances ; ils en seront relevés, *à leur volonté*, en vertu de l'article 18 qui dispose que le Français qui aura perdu sa qualité de Français pourra *toujours* la recouvrer, pourvu qu'il réside en France, en obtenant sa réintégration par décret. De même que l'article 10 déclare que : « Tout individu né en France ou à l'é- « tranger de parents dont l'un a perdu sa qualité de « Français, pourra réclamer cette qualité à tout âge, « aux conditions fixées par l'article 9. » Ce n'est pas plus difficile que cela.

Il est donc évident que le Français de naissance ne perd pas sa nationalité tant qu'il ne s'est pas fait naturaliser à l'étranger juridiquement. Son absence prolongée lui fait perdre l'exercice de ses droits en France tant que dure cette absence ; mais il ne perd ni sa nationalité, ni les droits qui y sont attachés, et il en recouvre l'exercice, en vertu des articles 10 et 18, dès que cette absence cesse.

Ainsi, soit que l'on se place au point de vue salique, soit que l'on consulte le Code civil, il est incontestable que les Bourbons de la branche d'Anjou, devenue la

(1) Lettres patentes de Louis XIV, Bibliothèque nationale, XX, f° 375 ; Isambert, *Anciennes Lois françaises*.

branche de la Maison de France, n'ont jamais perdu leur qualité de Français. Les princes de Parme ont même cet avantage qu'ils sont Bourbons et Français, tout à la fois par leur père et leur grand'mère, sœur du comte de Chambord, et qu'ils sont ainsi les héritiers de ce roi et en vertu de la loi salique et en vertu du Code civil.

Petit-fils d'une princesse allemande et, qui pis est, Prussienne, tante de l'empereur Guillaume, protestante, le duc d'Orléans n'a de sang français que par son père, et quel sang ?... le sang du Régent et de Philippe Egalité ! Et l'on qualifie d'étrangers des princes qui descendent de Hugues Capet et dont l'origine remonte jusqu'à Clovis ! Des princes dont les ancêtres ont fait la France, qui leur doit jusqu'au nom qu'elle porte avec un légitime orgueil !

De plus, les faits sont d'accord ici avec le droit. — Lorsque, à la mort de Charles IX, le roi de Pologne, son frère, quitta son royaume pour venir régner en France sous le nom de Henri III, il ne vint à l'idée de personne de le considérer comme un prince étranger.

Quand la loi salique appela à son tour Henri IV, *le Béarnais*, le roi de Navare, dont la branche était séparée du trone royal depuis trois siècles, depuis saint Louis, personne, — pas même parmi *les Ligueurs* qui le combattaient à titre d'hérétique, — personne n'eut l'idée de voir en lui un étranger. Il se trouvait alors *le premier Prince du sang de France* : il ne fallait pas d'autres preuves de sa nationalité.

Et quand en 1789, l'Assemblée nationale délibéra pendant trois jours sur la validité des renonciations du traité d'Utrecht, à quoi donc bon délibérer si l'on eût considéré alors les Princes de la branche d'Anjou comme ayant perdu *leur qualité de Français* ? Mais loin qu'il en fût ainsi, l'Assemblée déclare que : « Rien n'est pré-« jugé sur l'effet des renonciations *dans la race actuelle-« ment régnante.* » Ils étaient compris dans la *race régnante, donc princes du sang*, donc Français.

Non, les Bourbons d'Espagne ne sont pas des *étrangers* ; ils sont les aînés de cette race royale qui n'a pas son égale dans le monde.

Nous signalerons, en terminant cette question, le cas vraiment très particulier de Napoléon III.

La reine Hortense, duchesse de Saint-Leu, sa mère, était allée se fixer en Suisse en 1817. Son fils, le prince Louis-Napoléon, s'y fit naturaliser sujet suisse. Par une délibération du gouvernement de Thurgovie, en 1832, les droits de bourgeoisie et de nationalité thurgovienne furent conférés : « au prince Louis-Napoléon, fils de « M^me^ la duchesse de Saint-Leu », est-il dit dans l'acte officiel.

Peut-on opposer aux princes de Bourbon Anjou un pareil fait de naturalisation ? Assurément non ! Cependant Napoléon fut proclamé empereur, sans aucun scrupule au sujet de sa nationalité cependant bien connue ; et aujourd'hui les partisans du parti orléaniste, pris d'un chauvinisme intempérant, et que rien ne justifie, affirment, pour écarter les descendants de Louis XIV, qu'ils ne sont pas Français.

*L'ordre légitime de la succession salique* va ressortir avec évidence, après l'exposé que nous avons fait plus haut des principes qui le régissent

Le premier agnat de Henri V était don Juan de Bourbon, qui avait été le roi légitime d'Espagne. Ce prince, ayant abdiqué, était sorti par là de la famille politique ; il vivait même éloigné de sa famille naturelle. Il est mort à Brighton (Angleterre), le 18 novembre 1887.

Don Juan écarté par son abdication, et de plus par sa mort, l'ordre salique appelait don Carlos, son fils *aîné*. Mais, pour répondre à cet appel, il fallait qu'il abdiquât préalablement la couronne d'Espagne, *les deux couronnes ne pouvant jamais être réunies sur la tête d'un même Prince* Le duc de Madrid ayant *officiellement* et *avec serment* déclaré qu'il n'abandonnerait jamais l'Espagne, la couronne de France a dû passer outre sans s'arrêter un seul instant sur sa tête

Un groupe très honorable, mais très peu nombreux de légitimistes français, avait pensé, à cette époque, que don Jayme, fils de don Carlos, devait hériter du droit que son père n'avait pas accepté. C'était une erreur, et elle provenait de ce qu'on leur avait enseigné que les membres de la Maison régnante arrivaient au trône à leur ordre de naissance par un droit *qui leur est propre : Jure sanguinis et sanguinitatis*. Or, c'est le contraire qui est la vérité. Dans les négociations pour le traité d'Utrecht, il fut dit, de la part de Louis XIV, que la couronne est « un héritage que le prince ne reçoit ni « de son prédécesseur ni du peuple, mais en vertu de « la loi fondamentale du royaume ».

C'est donc à tort que l'on considère l'héritage monarchique comme un majorat, comme un fief, comme une substitution ; il y a quelque chose de tout cela, mais ce n'est rien de tout cela.

Dans l'ordre civil, les substitutions sont établies dans l'intérêt des *substitués* et leur donne, en effet, un droit propre ; dans l'ordre salique, la substitution est établie dans l intérêt du *substituant*, qui est la nation. Dans l'ordre civil, le substitué survit au substituant et ne jouit qu'après lui : dans l'ordre politique, ce sont les substitués qui disparaissent successivement, et c'est la nation qui survit à tous ; les rois meurent, la royauté survit. Le droit monarchique n'est donc pas le droit des membres de la famille royale, c'est le droit de la nation. Aussi le comte de Chambord disait-il, avec sa haute raison : « Mon devoir est de conserver dans son intégrité le principe héréditaire dont j'ai la garde. »

Don Jayme n'avait donc alors aucun droit qui lui fût *propre*, et il ne pouvait revendiquer le droit royal ni en France ni en Espagne, parce que la loi salique ne confère ce droit qu'à l'*aîné*, mais à l'aîné de chaque branche par ordre de primogéniture entre ces aînés ; chaque branche, en se séparant du trone pour devenir souveraine ailleurs, ayant contracté avec le pays qui l'a adoptée les devoirs qui incombent à toute race royale.

On doit comprendre maintenant pourquoi, par suite de la nécessité d'opter entre les deux couronnes, l'ordre de succession s'établit ici par branche et non individuellement : c'est que, à part *l'aîné* qui est investi *personnellement* du droit national *dont il a la garde*, tous les autres membres de la branche n'ont aucun *droit* qui leur soit *propre*. Sans doute ils ont le rang royal qui les distingue des autres sujets, qui les assujettit plus étroitement à la couronne et qui les rend aptes à la recevoir ; ils sont la réserve de la royauté ; c'est parmi eux que se trouvera toujours un Roi tout fait à mesure que viendront à disparaître successivement les aînés de la race. Mais tant que vit l'*aîné*, il est *seul* l'incarnation du droit national, et tous les puînés restent, sans droit qui leur soit propre, au service de sa couronne (1).

(1) Il n'y a pas lieu de s'étonner que cette question ne soit pas comprise du premier coup par ceux qui n'ont pas fait une étude

Don Carlos étant mort, la question ci-dessus ne se pose plus, et don Jayme se trouve être désormais investi du droit d'aînesse. Mais ce prince ayant, comme autrefois son père, officiellement déclaré qu'il maintenait ses droits au trône d'Espagne, la couronne de France passe, par suite, à une autre branche.

Or il existe encore plusieurs branches dans la nombreuse famille des Bourbons de la branche aînée (2) Parmi elles, il en est une pour laquelle le comte de Chambord avait une affection toute particulière : celle des Bourbons de Parme.

Les Bourbons de Parme sont les fils de Robert de Bourbon, duc de Parme, décédé en 1908, et les petits-fils de Charles III de Bourbon, duc de Parme, et de Louise de Bourbon, sœur du comte de Chambord. Ils descendent donc de Louis XIV par Philippe V, roi d'Espagne, petit-fils du grand Roi. Ils en descendent également par leur grand'mère, fille de Charles de Bourbon-Artois, duc de Berry, second fils de Charles X. Il n'est pas possible d'avoir plus de sang français et plus de sang bourbon. Il n'est pas possible d'avoir

spéciale de la loi salique et de son esprit. Depuis que l'ordre de la succession royale a été définitivement fixé, c'est-à-dire depuis Hugues Capet, c'est la première fois que le cas se présente ; car avant le traité d'Utrecht l'interdiction de la confusion de deux couronnes n'existait pas.

Mais on peut voir aujourd'hui combien il était sage d'introduire dans le droit des gens européen cette incompatibilité, dont Louis XIV prit alors l'initiative. C'est parce qu'elle a été méconnue, et parce que la loi salique a été violée en Espagne, que le troisième des Napoléons s'est vu contraint de faire la désastreuse guerre de 1870-1871 : son tort n'est pas de l'avoir entreprise, mais de l'avoir entreprise sans s'y être préparé.

(2) Voir le tableau généalogique de la descendance de Louis XIV ci-annexé.

des aïeux plus saints et plus populaires, descendants qu'ils sont de saint Louis et de Henri IV.

On nous demandera peut-être si les Bourbons descendants en ligne directe de Louis XIV comprennent comme nous l'ordre de succession au trône de France, et s'ils sont décidés à en subir les conséquences et à en accepter les responsabilités. Nous n'en savons rien et nous n'avons aucun souci de le savoir. En publiant cet opuscule, nous n'avons pas consulté les convenances ou les intérêts des princes, mais ceux de la France. Notre unique but, avons-nous dit en commençant, est de mettre en lumière la loi fondamentale de notre droit national.

Ce que nous savons avec certitude (nous avons des raisons personnelles pour le savoir), c'est que le comte de Chambord l'avait ainsi compris. S'il n'a jamais voulu permettre qu'on abordât cette question devant lui, c'est qu'elle ne pouvait être tranchée sans le concours des représentants du pays. Il disait au duc de Nemours, dans sa lettre du 5 février 1857 : « J'ai « toujours cru et je crois toujours à l'inopportunité de « régler dès aujourd'hui, et avant le moment où la Pro- « vidence nous en imposerait le devoir, des questions « que résoudront les intérêts et les vœux de notre pa- « trie. *Ce n'est pas loin de France et sans la France* « *qu'on peut disposer d'elle.* » Le très petit nombre de confidents sûrs auxquels il communiquait toutes ses pensées savaient bien que son intention était de faire consacrer législativement l'ordre de succession tel que nous venons de l'établir, dès sa rentrée en France.

Comme il est impossible de savoir si le Roi désigné aujourd'hui par l'ordre héréditaire de la loi salique sera vivant ou sera le roi légitime au moment, inconnu pour l'instant, où se réalisera la restauration monarchique (bien des événements pouvant modifier la situation présente), nous devons forcément faire abstraction des personnes et dire que : Le roi légitime sera celui des princes de la Maison de Bourbon-Anjou qui, au moment où cette question se discutera, se trouvera l'aîné des princes de cette branche habile à succéder.

---

## VI

### LA VÉRITÉ SUR LA FUSION : 1873-1883

La réconciliation. — Le 5 août 1873, le comte de Paris se rendit à Frohsdorf. Introduit près du Roi, il fit la déclaration suivante dont les termes avaient été convenus :

« Sire, je viens faire à Votre Majesté une visite qui « était dans mes vœux depuis longtemps. Je viens, en « mon nom et au nom de tous les membres de ma fa- « mille, saluer en vous, non seulement le chef de notre « Maison, mais encore le seul représentant du principe « monarchique en France. »

Il n'y avait dans cette déclaration ni soumission, ni réconciliation, mais simplement une démarche cérémonielle dont les meneurs de l'Orléanisme prétendaient s'autoriser, plus tard, comme ils n'ont pas manqué de le faire. En fait, le comte de Paris n'a jamais reparu depuis à Frohsdorf, jusqu'au jour où il y est allé pour prendre — il le croyait du moins — la couronne sur la tête du Roi mourant.

Louis Veuillot entendait autrement la réconciliation quand il écrivait : « Si la branche cadette de la Maison « de France avait des droits à la succession de la cou- « ronne, elle les tenait de sa qualité de fille de cette « Maison, et elle avait alors envers elle des obligations « à remplir. Elle lui devait aide et assistance, amour « et dévouement. Comment s'en est-elle acquittée ?

« Philippe Egalité n'a-t-il pas voté la mort du Roi ? « Louis-Philippe n'a-t-il pas pris le trône du Roi ? Et « par la perpétration de ces deux crimes, la famille « d'Orléans n'a-t-elle pas encouru la déchéance de « tous ses droits ? N'a-t-elle pas, par cela même qu'elle « se substituait à la branche aînée, non seulement « manqué à tous ses devoirs et perdu tous ses droits, « mais encore renié le principe même de la légitimité « pour en accepter un autre ? Dans l'ordre de succes- « sion légitime, les princes de la famille d'Orléans « n'ont donc plus, à cette heure, aucun droit à la suc- « cession de la couronne de France (1). »

La démarche de M. le comte de Paris n'avait donc rien changé, au fond, dans la situation réciproque des deux branches, et dans les instructions qui furent adressées, à cette occasion, par ordre du Roi, à ses représentants, nous lisons : « Notre situation et notre rôle, « en devenant plus faciles, restent les mêmes. Rien « n'est changé aux instructions, aux déclarations, ni « aux manifestes de M. le comte de Chambord .. L'on « doit avoir une confiance absolue dans la fermeté du « Roi, partout et toujours, surtout lorsqu'il s'agit de « son *principe*. » Il est donc clair que les princes d'Orléans étaient rentrés par là dans la famille royale, *à leur rang*, et que le Roi n'avait pas eu l'intention, et n'avait pas le droit de leur en donner un autre

La maladie du Roi. — Nous avons dit que depuis son unique visite du 5 août 1873, le comte de Paris n'était pas revenu à Frohsdorf. Ses partisans ont prétendu que le Roi l'y avait appelé au moment où il se sentit en danger : cela est inexact. Les d'Orléans ac-

1 *Univers*, 21 septembre 1872.

coururent spontanément à Vienne où ils arrivèrent le 4 juillet; c'est de là qu'ils firent demander la permission d'aller à Frohsdorf, où ils ne furent reçus que le 7 juillet.

Le Roi avait dû peser dans sa conscience les résultats que pouvait avoir cette entrevue pour la France : il craignait, — ce qui est arrivé — que ses cousins ne s'en autorisassent pour s'imposer à notre déjà trop malheureuse patrie. Mais, considérant qu'un refus d'audience pourrait être interprété comme un refus de pardon : se rappelant, peut-être, que la dernière préoccupation de son père, mourant sous le fer de Louvel, avait été de demander grâce pour son meurtrier ; voulant donner cet exemple d'une miséricorde héroïquement chrétienne, il autorisa cette dernière visite. C'est les yeux fixés sur le crucifix, sans aucune parole amère, le visage tout empreint d'une bienveillance angélique, qu'il a donné, à ses parents, coupables et non repentants, le baiser du suprême pardon.

On a dit que ce baiser avait été pour le comte de Paris un sacre ; c'est une erreur ; le Roi ne l'avait pas compris ainsi.

Réfutant les prétentions orléanistes de M. de Falloux et de Mgr Dupanloup, Louis Veuillot disait que : « Le principe de l'hérédité, ni ne garantit l'existence « de l'héritier, ni ne peut livrer la nation à l'héritier « douteux ou indigne. Ni le Roi, ni personne pour lui « ne demande l'arbitraire. Si le comte de Chambord « n'a pas le droit arbitraire de régler sa succession, le « comte de Paris, qui n'est pas Bourbon de son chef, « mais Orléans, n'a pas le droit arbitraire de reprendre « ce que son père a abjuré et de changer le caractère, « l'esprit, la religion et le chemin de la Royauté fran« çaise. Et nous nions, nous, au comte de Chambord

« lui-même le droit de donner les mains à cette énor-
« mité, laquelle n'irait pas à moins que de légitimer la
« Révolution. »

Oh ! il s'en fallait bien que le Roi eût la pensée de donner les mains à cette énormité ! Ce fut précisément la crainte de voir la Révolution légitimée par une nouvelle usurpation orléaniste qui tourmenta ses derniers moments, et c'est à cette pensée douloureuse que se rapportaient ces exclamations d'angoisse pendant son agonie : « France ! France ! »

La lettre suivante, adressée par le comte de Chambord, lui-même, à E. Veuillot, le 23 avril 1883, à l'occasion de la mort de son frère, nous fait connaître les sentiments du Roi : « Je ne puis oublier sa généreuse
« adhésion donnée à ma parole dans toutes les circons-
« tances où j'ai cru devoir élever la voix devant mon
« pays... spécialement en 1873, alors que nous tou-
« chions au port... Quand les intrigues d'une politique
« moins soucieuse de correspondre aux vraies aspi-
« rations de la France que d'assurer le succès de com-
« binaisons de parti, m'obligèrent à dissiper les équi-
« voques, en brisant les liens destinés à me réduire à
« l'impuissance d'un souverain désarmé, nul autre ne
« sut pénétrer plus avant dans ma pensée, ni mieux
« donner à ma protestation son véritable sens. »

Opinion du comte de Chambord. — Donc, comme le déclarait L. Veuillot, et comme il l'avait dit cent fois lui-même, le comte de Chambord ne se reconnaissait pas le droit de régler sa succession. A un de ses plus dévoués serviteurs qui le pressait un jour sur ce point, il répondit : « Cela ne me regarde pas, moi, cela vous regardera,
« vous autres, après moi. Je n'ai pas le droit de me
« choisir un successeur ; il existe en France une loi

« d'hérédité, on devra l'appliquer après ma mort.
« Vous avez une loi, une conscience, vous leur obéirez. »

Cependant, sans outrepasser son droit, il avait livré sa pensée à un petit nombre de serviteurs fidèles sur la discrétion desquels il savait pouvoir compter et qui devaient en témoigner plus tard. Nous savons, il est vrai, qu'il en est qui soutiennent avoir entendu le Roi affirmer le droit héréditaire des d'Orléans ; d'autres disent : « J'étais le confident du Roi, et il ne m'a « jamais parlé des droits des Bourbons d'Espagne. » Si le Roi, qui l'a dit à d'autres, ne vous en a pas parlé, c'est que vous n'étiez pas son confident, comme vous vous en vantez.

Et d'ailleurs, son attitude elle-même n'était-elle pas significative ?

Nous lisons dans les *Mémoires* du général de Cathelineau : « Le comte de Chambord a dit souvent à ses « amis : « Quelle douleur j'éprouverais, si je pouvais « penser, un instant, que vous dussiez servir les d'Or- « léans, si vous aviez à les subir ! » Il reconnait que le Roi a embrassé à son lit de mort le comte de Paris, qu'il lui a pardonné... mais « qu'ayant toute la luci- « dité d'esprit nécessaire pour donner son avis au « sujet de son successeur, qu'il ne l'a pas fait. « Si « j'ai pardonné aux princes d'Orléans, a-t-il dit, parce « que c'était mon devoir de chrétien, je n'ai pas voulu « aller au delà. » Paroles certifiées par la Reine, par le R. P. Bôle, son confesseur, par Charlemagne Aubry, son fidèle valet de chambre (1). Aux funérailles de la comtesse de Chambord, c'est au général

(1) *Général de Cathelineau, sa vie et ses mémoires*. Société Saint-Augustin, Paris, rue Saint-Sulpice, 30.

de Cathelineau qu'on fit l'honneur de porter le drapeau blanc en récompense des sacrifices qu'il avait faits pour la cause du droit et en raison de son intimité avec le Roi.

Le comte de la Viefville écrivait le 20 novembre 1883 à son ami le comte de Touchimbert : « Bien que le Roi, mon maître bien-aimé, ne se « soit jamais prononcé devant moi, ses réserves, son « silence, m'ont souvent prouvé qu'il ne pensait « pas autrement que nous sur cette question. Trente-« deux ans de service m'avaient appris à le comprendre, « même quand il ne disait rien. Je défie donc n'im-« porte qui de me citer un mot du Roi affirmant le « prétendu droit des d'Orléans. Bien plus, quelques « jours avant sa fin, prévoyant tout, il a dit : « Je ne « veux pas que mon cercueil serve de pont aux d'Or-« léans. » Je ne t'avais pas rapporté ce propos, parce « qu'il m'avait été donné sous le *sceau du secret* ; mais « aujourd'hui il a été divulgué, il est exact. »

Nous pourrions citer bien d'autres correspondances, et en particulier des lettres du R. P. Bôle, son confesseur, qui fut toujours un partisan convaincu des droits des Bourbons d'Espagne. « Je suis aujourd'hui, « écrivait-il le 3 août 1886, au comte L. de Cibiens, « pleinement convaincu des droits des Bourbons « d'Espagne, et je dois cette croyance au Roi, qui a heu-« reusement combattu mes erreurs et éclairé ma foi (1). »

Dans une autre lettre, adressée au comte de Montbel (2), faisant allusion à la défection d'un certain nombre

(1) *Le comte de Chambord et les orléanistes*, par Ch.-L. du Verne. Nevers, imprimerie Mazeron, 1905.

(2) Evêché de Sion en Valais (Suisse), le 22 mars 1887.

de légitimistes ayant vécu dans l'intimité du comte de Chambord, il s'exprimait ainsi : « Comment expliquer « un si étrange aveuglement de la part d'hommes si « recommandables par les qualités de l'esprit et du « cœur ? C'est un mystère pour moi. Ne connaissaient-« ils pas tous, oui, tous, les sentiments de Monsei-« gneur pour les d'Orléans dans la question de suc-« cession ?

« N'avaient-ils pas tous sous les yeux les notes « préliminaires qui ont précédé l'entrevue du 5 août « 1873... Que signifie cette persistance de Monseigneur « à exiger du comte de Paris et des princes d'Orléans, « de reprendre *leur rang* dans la famille royale, et ce, « sans *aucune condition* ? Or, ce rang, quel était-il ? Le « *dernier*, les Bourbons d'Espagne étant les aînés de « la famille. Et faisant l'application de ce principe, « Monseigneur ajoutait : Si donc, don Carlos ne règne « pas en Espagne, il doit régner en France. »

Mais il est un témoignage qui vient singulièrement corroborer notre thèse. Dans ses *Mémoires*, M. le marquis de Dreux-Brézé donne, comme suit, son opinion sur cette grave question : « Je consigne simplement « mon sentiment sur l'opinion de Mgr le comte « de Chambord à l'égard des droits du comte de « Paris. Monseigneur a toujours admis, telle est ma « certitude, le droit du comte de Paris à lui succéder. »

« Représentant du droit monarchique, Monseigneur « le comte de Chambord n'avait point à régler son « héritage royal. Il a entendu le laisser intact après « lui : de là son *silence sur ce point spécial*. »

*Le silence du Roi sur ce point spécial* était tout naturel. M. le marquis de Dreux-Brézé nous en donne lui même le motif : c'est qu' « étant le représentant du

« droit monarchique, le Roi n'avait pas à régler son « héritage royal. » Il l'avait déjà dit en 1847 : « Je « n'ai pas le droit de me choisir un successeur. Il « existe, en France, une loi d'hérédité, on devra l'ap- « pliquer après ma mort. »

Mais ici il y a une réflexion qui s'impose. Alors que les uns, se disant les confidents du Roi, les autres, simples visiteurs reçus en audience prétendent que le comte de Chambord leur a désigné le comte de Paris comme son héritier, voici que le marquis de Dreux-Brézé, un de ses représentants les plus autorisés, qui est resté pendant près de 40 ans en relation avec lui, affirme que le Roi ne lui en a jamais parlé ! Cet aveu, qui a d'autant plus de valeur que le marquis de Dreux-Brézé se rallia des premiers aux d'Orléans, réduit à néant les allégations contraires.

« Si, dans son esprit, continue le marquis de Dreux- « Brézé, le droit à sa succession avait reposé sur une « autre tête, il aurait cherché à diriger le dévouement « de ses fidèles vers le prince appelé à devenir leur « Roi. »

« Hé bien ! je l'affirme, intermédiaire du comte de « Chambord près des royalistes de 55 départements, je « n'ai jamais reçu une seule instruction de Monsei- « gneur me désignant un autre héritier. Prétendre « opposer une pensée intime de Mgr le comte « de Chambord, pensée présentée, après sa mort « seulement, au public, c'est déclarer que pendant « 30 ans le comte de Chambord nous a trompés (1). »

Non ! non ! le comte de Chambord ne vous a pas

(1) Marquis de Dreux-Brézé, *Lettres et souvenirs*. Paris, Librairie académique, 1895.

trompés, mais vous n'ignoriez pas que, toute sa vie, il a formellement et solennellement déclaré qu'il ne se reconnaissait pas le *droit de régler sa succession.*

Il est encore un document qui mérite d'être signalé à cause de son importance : c'est le testament du comte de Chambord.

Le duc d'Orléans, dans son testament (1840), adresse à son fils, son héritier, le comte de Paris, de nombreuses recommandations ; entre autres, hélas ! celle « d'être toujours le serviteur exclusif et passionné de « la France et de la Révolution... »

Pareillement, le 21 juillet 1894, le comte de Paris, dans son testament, demande : « à tous ses amis, « de se serrer autour de son fils aîné, auquel il trans- « met le dépôt du principe traditionnel. »

Le comte de Chambord, lui aussi, a fait un testament, et on y chercherait en vain l'indication du comte de Paris comme son successeur. Toujours fidèle à la ligne de conduite dont il ne s'est jamais départi, s'étant toujours considéré comme le *gardien*, mais non comme le *dispensateur* du droit monarchique, il a voulu laisser intact, après lui, le principe héréditaire dont il n'était que le *représentant*. Son silence ne saurait rien prouver en faveur des d'Orléans.

Bien plus, le comte de Chambord, en léguant ses papiers de famille et tous les documents politiques aux Bourbons d'Espagne, la terre et le château de Chambord à ses neveux de Parme, a voulu, sans aucun doute, marquer par là le véritable caractère des entrevues du 5 août 1873 et du 7 juillet 1883. Si le comte de Chambord avait réellement désigné le comte de Paris comme son successeur, il lui aurait laissé au moins un souvenir : et quel souvenir pouvait meux convenir à l'héritier des droits de Henri V que ce château de Chambord, hommage des royalistes restés fidèles à leur Roi légitime ?

Obsèques du Roi. — Les orléanistes se rendaient bien compte que le généreux pardon du comte de Chambord n'était pas pour le comte de Paris un *sacre*, et qu'il n'annulait pas les droits de ses héritiers légitimes. M. de Bellomayre, qui avait été autrefois secrétaire de Berryer, présenta aux princes de Bourbon-Anjou, devenus, en fait et en droit, les aînés de la Maison royale, des actes de renonciation en forme, écrits sur papier timbré, demandant à chacun d'eux, personnellement, de les signer : « Je n'ai rien à vous signer, » répondit le duc de Madrid à qui on s'adressa le premier. Les autres princes refusèrent de même, sans plus de phrases ni de cérémonie (1). On en fut réduit à faire signer une adresse aux royalistes qui avaient été entraînés d'avance, et à ceux des autres qui se laissèrent surprendre. Puis, ceux qui avaient comploté, dès la mort du Roi, cet escamotage de la couronne demandèrent que, dans le cortège funèbre, la première place fût donnée au comte de Paris, devenu, prétendaient-ils, le chef de la Maison de France. Cette prétention fut formellement repoussée par don Juan de Bourbon et par le duc de Parme.

Nous empruntons au *Mercure de Westphalie* le récit de cet incident, dont les détails lui furent donnés par une personne autorisée : « Le 1er septembre, la com-
« tesse de Chambord fit appeler près d'elle ses parents,

(1) J. du Bourg, *Les entrevues des princes à Frohsdorf*. Librairie Perrin et Cie.

« afin qu'ils fussent témoins des ordres qu'elle allait « donner au comte de Blacas, au sujet de la question « de préséance. »

« En présence du duc de Parme, de la duchesse de « Madrid, de don Alphonse et de sa femme, la com-« tesse de Chambord dit que le roi avait toujours « exprimé l'intention que son enterrement fût une cé-« rémonie de famille, et non pas une démonstration po-« litique. Pour répondre à ce désir, la comtesse or-« donnait que la première place, dans le cortège, fût « réservée à don Juan de Bourbon, beau-frère du dé-« funt, que suivraient, dans l'ordre de leur parenté, « les autres princes de la Maison de Bourbon. Les « princes d'Orléans ne viendraient qu'ensuite.

« Conformément au désir constant du comte de « Chambord, la comtesse défendit que le comte de « Paris eût la première place dans le cortège Elle « pria les personnes présentes de lui promettre qu'elles « s'efforceraient de faire respecter cette dernière « volonté et ajouta : « Votre pauvre oncle m'a sou-« vent dit : « Je ne veux pas que mon corps serve de « marchepied aux d'Orléans. » S'il a reçu le comte « de Paris pendant sa maladie, ç'a été par pure charité « chrétienne, afin qu'on ne dise pas qu'il était mort « avec des sentiments de haine contre qui que ce soit. « Le comte de Chambord s'est toujours refusé à re-« connaître les d'Orléans comme ses successeurs. »

Voilà comment, du cercueil du roi, sortait à l'adresse des d'Orléans cette parole qu'il avait souvent dite à ses amis : « Qu'ils se mettent à *leur rang* dans la famille. » Or ce rang était le dernier ; ils n'étaient pas disposés à l'accepter Et, comme ils n'étaient pas venus à Frohsdorf pour pleurer le comte de Chambord, mais pour se mettre en possession, croyaient-ils, de son héritage royal, ils s'en allèrent sans vouloir assister aux obsèques.

« Qui donc, a dit alors un journal républicain, qui « donc oserait déclarer, avec ce cynisme, que l'ambi- « tion a étranglé en lui tous les autres sentiments ? Le « départ précipité des d'Orléans est l'aveu le plus « explicite que leurs regrets étaient une pure comé- « die... Et ils promettent de restaurer, en même temps « qu'eux, le respect de la famille ! » (*L'Intransigeant.*)

Ainsi finit l'intrigue orléaniste qui durait depuis 35 ans. Elle aboutit à la dissolution du parti légitimiste qui, en perdant son chef, perdit en même temps toute direction. Mais, grâce à l'inébranlable fermeté du Roi, le principe monarchique est resté sauf : il est bien constaté désormais que le comte de Chambord n'a jamais admis les prétentions des d'Orléans, et qu'il a laissé intacts son droit et son programme à son héritier salique.

Il n'y a, pour le moment, pas autre chose à faire que de laisser à l'action de plus en plus dissolvante des partis la tâche de hâter la fin du régime révolutionnaire que nous subissons.

Un jour viendra où ces mêmes partis : les orléanistes, les bonapartistes, les républicains, se retrouveront en présence, et tôt ou tard, il faudra bien trancher la question de la forme du gouvernement. Or, de quelque façon qu'on la règle, on fera toujours deux mécontents sur trois, aucun des trois n'étant assez fort pour tenir tête à la coalition des deux autres ; ce sera donc toujours l'anarchie, le parti vainqueur ayant toujours contre lui les autres partis ; et nous ajouterons : ce sera toujours le régime républicain qui triomphera, car, par jalousie, les orléanistes, comme les bonapartistes, le préféreront au parti rival. C'est ce qui faisait dire au général de Cathelineau : « Mieux « vaut la république, héritière légitime de tous les trônes « en deshérence, que cette rémunération, par une cou- « ronne, d une iniquité séculaire (1). »

Nous savons bien que les partisans du duc d'Orléans ne comptent plus aujourd'hui sur la consultation nationale et veulent imposer la monarchie par la violence (2). L'histoire est là pour leur apprendre que le plus fort n'est jamais assez fort pour être toujours le maître, et que la force, quand elle n'est pas unie au droit qui, seul, peut faire de l'obéissance un devoir, est incapable de rien fonder.

Reconnaissons donc que, seul, le retour à la Monarchie légitime, traditionnelle et chrétienne mettra fin à ces discussions, parce que, au droit qu'elle possède, elle joint une force morale suffisante pour imposer son autorité.

(1) Lettre au comte d'Andigné. Le général de Cathelineau se rallia aux Bourbons d'Espagne.

(2) Cependant le comte de Paris, dans les instructions données à ses représentants au mois de septembre 1887, affirmait qu'il « fallait faire revivre la tradition historique par un accord librement consenti entre la nation et la famille royale. Ce pacte, ajoutait-il, sera mis en vigueur, soit par une assemblée constituante, soit par le vote populaire. Cette dernière forme est plus solennelle... Un gouvernement porté par l'opinion publique... n'a rien à craindre de cette consultation directe de la nation. »

## VII

### CONCLUSION.

Nous ne saurions mieux conclure qu'en citant cette judicieuse observation de M. J. du Bourg sur la mission providentielle de Jeanne d'Arc (1) : « Quand après « dix-huit mois d'attente, d'examens et d'hésitations, elle « fut admise à être présentée au roi dans le château de « Chinon, en entrant dans la salle d'honneur, elle n'alla « pas au grand seigneur assis en grande pompe sur le « trône royal. La raison humaine l'y eût conduite. Eclai- « rée par la grâce de Dieu, la petite bergère passa outre « et vint droit au roi, en costume simple, mêlé au per- « sonnel de sa cour. Elle lui dit : « Gentil sire, c'est vous « qui êtes le dauphin, celui que Dieu a fait naître sur la « première marche du trône ; Dieu est avec vous. Il « m'envoie à vous pour que je vous conduise à Reims « pour y être sacré. Vous êtes le sergent du Christ. » « Ne dirait-on pas vraiment, ajoute M. du Bourg, que « cette scène a pour but de résoudre les difficultés de la « situation dynastique actuelle ? que notre sainte fran- « çaise nous conduise et fasse triompher le droit monar- « chique dont elle résume et précise les bases en quelques « mots. »

Les princes de la branche aînée ne veulent pas

1) *Les Entrevues des Princes à Frohsdorf*. Librairie académique Perrin et C^ie^.

aggraver les périls de l'heure présente en se jetant dans la mêlée des partis qui déchirent la France ; ils se souviennent trop des exemples de patriotisme désintéressé donnés durant toute sa vie par le comte de Chambord. Le 1er juin 1848, ce roi généreux faisait entendre cette noble protestation : « Français avant « tout, je n'ai jamais souffert et ne souffrirai jamais « que mon nom soit prononcé lorsqu'il ne pourrait « être qu'une cause de trouble et de division. »

« Je ne ferai jamais valoir les droits que je tiens de « ma naissance, écrivait-il quelques années plus tard à « Berryer (1), que dans l'intérêt de ma patrie et pour la « sauver des déchirements et des périls extrêmes dont « elle est menacée, car mon règne ne saurait être ni la « ressource ou l'œuvre d'une intrigue, ni la domination « exclusive d'un parti » « Je respecte mon pays « autant que je l'aime... L'intérêt de la France, qui « pour moi passe avant tout, me condamne souvent « à l'inaction et au silence, tant je crains d'ajouter aux « difficultés et aux embarras de la situation actuelle... « Attendons avec confiance ce que Dieu inspirera à la « France pour son salut (2). »

Oui, nous aussi, à l'exemple de ce roi si chrétien, attendons avec confiance l'heure de Dieu.

(1) 15 janvier 1849.
(2) A Berryer, de Venise, le 23 janvier 1851.

GÉNÉALOGIE

DES

# BOURBONS DE LA BRANCHE AINÉE

**LOUIS XIII**

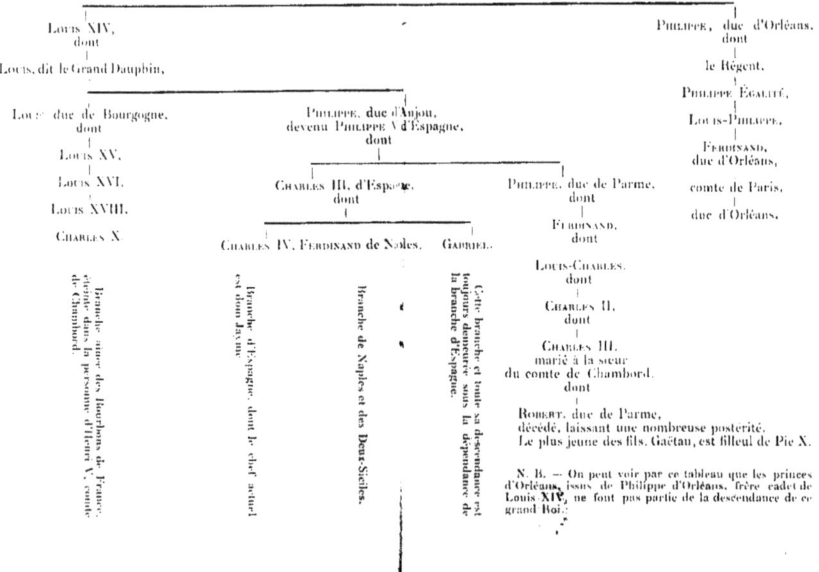


N. B. — On peut voir par ce tableau que les princes d'Orléans, issus de Philippe d'Orléans, frère cadet de Louis XIV, ne font pas partie de la descendance de ce grand Roi.

# TABLE DES MATIÈRES



Poitiers. — Société française d'Imprimerie.

www.ingramcontent.com/pod-product-compliance
Ingram Content Group UK Ltd.
Pitfield, Milton Keynes, MK11 3LW, UK
UKHW021645260726
13994UKWH00003B/1279